Phuoc Trac

Visualisierung des R-Baum-Splittens mit linearem Aufwand anhand von OSM-Datenauzügen und des XFig-Formats

GRIN Verlag

Bibliografische Information der Deutschen Nationalbibliothek:

Die Deutsche Bibliothek verzeichnet diese Publikation in der Deutschen National-
bibliografie; detaillierte bibliografische Daten sind im Internet über http://dnb.d-
nb.de/ abrufbar.

Impressum:

Copyright © 2013 GRIN Verlag GmbH
Druck und Bindung: Books on Demand GmbH, Norderstedt Germany
ISBN: 978-3-656-65940-2

Dieses Buch bei GRIN:

http://www.grin.com/de/e-book/273651/visualisierung-des-r-baum-splittens-mit-
linearem-aufwand-anhand-von-osm-datenauzuegen

GRIN - Your knowledge has value

Der GRIN Verlag publiziert seit 1998 wissenschaftliche Arbeiten von Studenten, Hochschullehrern und anderen Akademikern als eBook und gedrucktes Buch. Die Verlagswebsite www.grin.com ist die ideale Plattform zur Veröffentlichung von Hausarbeiten, Abschlussarbeiten, wissenschaftlichen Aufsätzen, Dissertationen und Fachbüchern.

Besuchen Sie uns im Internet:

http://www.grin.com/

http://www.facebook.com/grincom

http://www.twitter.com/grin_com

Technische Universität Braunschweig

Studienarbeit

Visualisierung des R-Baum-Splittens mit linearem Aufwand anhand von OSM-Datenauzügen und des XFig-Formats

von

Trac, Diep Hong Phuoc

Institut für Informationssysteme
Technische Universität Braunschweig

Inhaltsverzeichnis

VERZEICHNIS DER ABKÜRZUNGEN 4

VERZEICHNIS DER ABBILDUNGEN 5

VERZEICHNIS DER TABELLEN 6

1.   EINLEITUNG 7

1.1   Problemstellung 7

1.2   Kapitelübersicht 7

2.   DER R-BAUM 8

2.1 Struktur des R-Baums 8

2.2 Algorithmen 9

  2.2.1 Suchen 9

  2.2.2 Einfügen 10

  2.2.3 Löschen 12

  2.2.4 Splitten des Knotens 12

  2.2.5 Updates 15

3.   XFIG 16

3.1 Einführung 16

3.2 Das Fig Format 3.2 16

  3.2.1 Beschreibung des Fig Format 3.2 16

  3.2.2 Beschreibung des Fig Objekte 18

  3.2.3 Erklärung der Attributen 24

4.   DAS PROGRAMM VISUALISIERUNGRBAUM 28

4.1 Einlesen der XML Datei von OpenStreetMap 29

  4.1.1 Was ist OpenStreetMap? 29

  4.1.2 DOM in Java 32

3

4.1.3 Implementierung des XML Einlesens 33

4.2 Bearbeitung der originalen Koordinaten 36

4.2.1 Ursprungsverschiebung 36

4.2.2 Skalierung unter Berücksichtigung der Geographische Breite 36

4.2.3 Ursprungsveränderung 37

4.2.4 Skalierung für eine bessere Auflösung bei Xfig 38

4.2.5 Implementierung der Koordinatenbearbeitung 38

4.3 Das R-Baum lineare Splitten 40

4.3.1 Klasse Building.java 40

4.3.2 Implementierung des Linear-Cost Algorithmus 41

4.4 Ausgabe in Xfig 44

5. ZUSAMMENFASSUNG UND AUSBLICK 46

LITERATUREN 47

Verzeichnis der Abkürzungen

BSP	Binary Space Partitioning
OSM	Open Street Map
MBB	Minimal Bounding Box
MBR	Minimum Bouding Rectangle
DOM	Document Object Model

Verzeichnis der Abbildungen

Abbildung 1: Struktur eines R-Baums... 9
Abbildung 2 : Suche in R-Bäumen... 10
Abbildung 3: Einfügen in R-Bäumen... 11
Abbildung 4: Löschen in R-Bäumen 12
Abbildung 5 : Schlechtes Split 13
Abbildung 6: Gutes Split 13
Abbildung 7: Identische Aufteilungen 13
Abbildung 8: Wählen zwei Startknoten bei Linear-Cost Algorithmus 15
Abbildung 9: Klassendiagramm von dem Programm VisualisierungRBaum 28
Abbildung 10: Übersicht von einer .osm Datei.. 30
Abbildung 11: Vereinfachte Darstellung des OSM Datenmodells............................ 31
Abbildung 12: Beispiel von einem Node-Objekt.. 31
Abbildung 13 : Beispiel von einem Way-Objekt. 31
Abbildung 14 : Beispiel von einem Relation-Objekt. 32
Abbildung 15: Methode von Node 33
Abbildung 16: Methoden von Element... 33
Abbildung 17: Quellcode von Klasse Util.. 34
Abbildung 18: Quellcode zum Einlesen von XML Datei in *main* Methode 35
Abbildung 19: Die Längen- und Breitengrade auf der Erde 36
Abbildung 20: Verzerrung der Objekte in Ost-West-Richtung................................ 37
Abbildung 21: Quellcode von Klasse Point 39
Abbildung 22: Quellcode der Bearbeitung der originalen Koordinaten 40
Abbildung 23: Übersicht von Klasse Building 40
Abbildung 24: Quellcode der Auswahl zweier Startknoten 42
Abbildung 25: Quellcode der Zuordnung der übrigen Knoten................................ 43
Abbildung 26: Flussdiagramm von Splitten-Algorithmus 44
Abbildung 27: Quellcode der Implementierung der Ausgabe in Fig Format 45
Abbildung 28: Ausgabe in Winfig.. 46

Verzeichnis der Tabellen

Tabelle 1: Die erste Nichtkommentarzeile von Fig Format. 17
Tabelle 2: Objekte von XFig. 17
Tabelle 3: Beschreibung von color pseudo-Objekt. 18
Tabelle 4: Beschreibung der ersten Zeile von Arc-Objekt. 19
Tabelle 5: Beschreibung der Zeile von Vorwärtspfeil oder Rückwärtspfeil. 19
Tabelle 6: Beschreibung der ersten Zeile von Compound-Objekt. 19
Tabelle 7: Beschreibung der nachfolgenden Zeilen von Compound-Objekt. 19
Tabelle 8: Beschreibung von Ellipse-Objekt. 20
Tabelle 9: Beschreibung der ersten Zeile von Polyline-Objekt. 21
Tabelle 10: Zeile für sub_type 5 von Polyline-Objekt. 21
Tabelle 11: Zeile für Punkte von Polyline-Objekt. 21
Tabelle 12: Beschreibung der ersten Zeile von Spline-Objekt. 22
Tabelle 13: Beschreibung von Text-Objekt. 22
Tabelle 14: font_flags bei Text-Objekt. 23
Tabelle 15: LaTeX Schriftart bei Text-Objekt. 23
Tabelle 16: PostScript Schriftart bei Text-Objekt. 24
Tabelle 17: Farbcodes von *pen_color* und *fill_color*. 25
Tabelle 18: Farbcodes von *area_fill* für *fill_color* Weiß. 25
Tabelle 19: Farbcodes von *area_fill* für *fill_color* Schwarz. 25
Tabelle 20: Farbcodes von *area_fill* für *alle anderen fill_color* 26
Tabelle 21: Farbcodes von *line_style* 26
Tabelle 22: Farbcodes von *join_style*. 27
Tabelle 23: Farbcodes von *cap_style*. 27
Tabelle 24: Farbcodes von *arrow_style* 27

1. Einleitung

1.1 Problemstellung

Geoinformationssysteme werden in vielen Anwendungsbereichen verwendet, wie z.B in Kartographie, Bildverarbeitung, Stadtplanung usw. Um diese mehrdimensionale räumliche Datenbank effizient zu verwalten sind räumliche Indexstrukturen wie Quadtree, Grid File, BSP Baum usw., die als räumliche Speicherstrukturen bezeichnet werden, von großer Bedeutung. In dieser vorliegenden Arbeit wird nur den R-Baum betrachtet, der eine räumliche dynamische Indextruktur ist. Darüber hinaus wird das Splitten der R-Baum mit XFig Programm visualisiert. Die Visualisierung soll durch die Nutzung der reellen Daten von OpenStreetMap erfolgen und das Splitten soll mit dem linearen Aufwand durchgeführt werden.

1.2 Kapitelübersicht

Im zweiten Kapitel wird zunächst die Grundkenntnis des R-Baums dargestellt. Dann werden seine Algorithmen mit Beispielen beschrieben, indem der Linear-Cost Algorithmus im 2.2.4 als wichtigste betrachtet werden soll, denn er ist das Werkzeug der Visualisierung.

Weiterhin stellt sich das dritte Kapitel das Zeichnungsprogramm Xfig vor und beschriebt das Fig Format 3.2.

Im Kapitel 4 wird die Implementierung des Programms VisualisierungRBaum erläutert. Das Programm unterteilt sich in vier Schritten:

- Einlesen der XML Datei von OpenStreetMap(OSM)
- Bearbeitung der originalen Koordinaten
- Der Splitten Algorithmus
- Ausgabe in Fig Format

Dabei werden die Begriffe OpenStreetMap und Document Object Model vorgestellt und verschiedene Ausschnitte des Quellcode angezeigt.

Anschließend folgen die Zusammenfassung und Ausblick im Kapitel 5, in dem die Erkenntnisse und Ergebnisse dieser Arbeit noch einmal wiederholt und die Erweiterungsmöglichkeiten aus eigener Meinung gegeben werden.

2. Der R-Baum

2.1 Struktur des R-Baums

Der R-Baum ist eine mehr dimensionale räumliche Indexstruktur, welcher im Aufbau dem B-Baum ähnlich ist[1]. Er besteht aus allen Verweisen auf Datenobjekte in seinen Blättern und die Blätter liegen alle auf derselben Höhe. Die Indexstruktur ist dynamisch, deswegen wird die Abwechslung der unterschiedlichen Aktionen wie Suchen und Einfügen erlaubt, ohne die Notwendigkeit einer periodischen Reorganisation des Baumes zu benötigen.

Die räumlichen Datenobjekte werden von minimalen Rechtecken beinhaltet und in den Blattknoten gespeichert. Diese minimalen Rechtecke wird „minimal bounding boxes" (MBB) oder auf Englisch „minimum bounding rectangle" (MBR) genannt. Ein MBB wird durch das Minimum und Maximum in jeder einzelnen Dimension repräsentiert.

Die Struktur des R-Baums soll folgende Eigenschaften erfüllen[2]:

- Alle Blätter haben zwischen m und M Einträge, wobei m €[0, M/2].

- Für jeden Eintrag in einem Blatt ist MBB das kleinste umgebende Rechteck, das das n-dimensionale Datenobjekt beinhaltet.

- Jeder innere Knoten, der kein Blattknoten ist, hat zwischen m und M Söhne.

- Alle inneren Knoten verfügen über Rechtecke, jene die Rechtecke im Kinderknoten beinhalten.

- Die Wurzel hat mindestens zwei Söhne, wenn er kein Blatt ist.

- Alle Blätter befinden sich auf der gleichen Ebene.

Die Abbildung 1 zeigt ein Beispiel einer räumlichen Struktur mit zugehörigem R-Baum.

Es stellen sich wie beim B-Baum verschiedene Algorithmen wie Suchen, Einfügen und Löschen eines Datenobjektes zur Verfügung. Das Splitten eines Knotens wird dann notwendig, wenn die maximale Anzahl an Indexeinträgen überschritten wird. Dann soll das Splitten eines Knoten eingeführt werden. Im Abschnitt 2.2 werden die o.g. Algorithmen näher beschrieben und anhand von Beispielen anschaulich dargestellt.

---

[1] Vgl. (Guttman, 1984)
[2] Vgl. (Guttman, 1984)

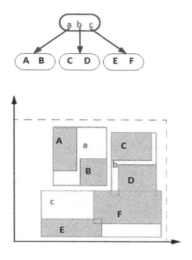

Abbildung 1: Struktur eines R-Baums.

2.2 Algorithmen

2.2.1 Suchen

Ähnlich wie beim B-Baum ist die Suche in einem R-Baum ist ein rekursiver Vorgang bei dem das gesuchte Datenobjekt von der Wurzel zu den Blättern durchsucht wird. Zu einem Zeitpunkt wird ein Pfad durchlaufen. Wenn sich das gesuchte Datenobjekt nicht in diesem Teilbaum befindet, so wird der nächste Suchpfad durchlaufen. Da die Pfadauswahl ist beliebig müssen im schlimmsten Fall alle Pfade durchlaufen werden, bis das gesuchte Datenobjekt gefunden wird.

Gegeben ist ein R-Baum mit einer Wurzel T. Gesucht werden alle Indexeinträge, die das Suchrechteck S schneiden. Der Suchalgorithmus nach Guttman wird nun vorgestellt[3]:

S1 Suche in inneren Knoten:

> • Für jeden Eintrag prüfen, ob seine MBB überschneidet S.

> • Für alle überschneidenden Einträge setze die Suche in allen seinen untergeordneten Knoten fort.

---

[3]Vgl. (Guttman, 1984)

S2 Suche im Blattknoten:

 • Für jeden Eintrag prüfen, ob seine MBR überschneidet S. Wenn ja, so ist
 dies der gesuchte Eintrag.

Die Suchalgorithmen für R-Bäume sind die am effizientesten, wenn Überlappung
und Bedeckung minimiert werden.

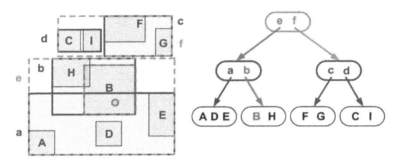

Abbildung 2 : Suche in R-Bäumen

In dem obigen Beispiel befindet das Suchobjekt O auf der Datenseite B. Zunächst
wird jeder Eintrag geprüft, ob er O überschneidet. Wenn ja, wird die Suche nach inneren Söhnen fortgesetzt. Wenn nicht, lässt sich der nächste Pfad prüfen, bis O gefunden wird. Hier ist B die einzige Lösung, da nur in B das gesuchte Objekt O
schließlich gefunden wird.

2.2.2 Einfügen

Bei dem Einfügen eines Datenpunktes oder eines Datenobjektes in einem bestehen-
den R-Baum stehen folgende Schritte zur Verfügung[4]:

 • Zunächst wird die beste Kindseite (ChooseLeaf) nach bestimmten räumlichen Kriterien gesucht. (bei mehreren Kandidaten zuerst den mit der geringeren Gesamtfläche, dann den mit weniger Einträgen)

 • Der Datenpunkt oder Datenobjekt wird dann eingefügt, wenn auf der Kindseite Platz ist, d. h. wenn die maximale Anzahl M an Einträgen nicht überschritten
 wird.

 • Wenn kein Platz auf der Kindseite ist, wird die Kindseite anhand einer Über-
 laufbehandlung gesplittet .Hierfür kommen verschiedene Split-Algorithmen, die
 in Abschnitt 2.2.4 näher eingegangen werden. Bei dem Splitten soll der tote
 Raum möglichst klein und die Überlappung minimal sein, damit die Perfor-
 mance nicht unnötig eingeschränkt wird.

 • Das neue Objekt im Vaterknoten wird rekursiv angepasst (AdjustTree)

---

[4] Vgl. (Guttman, 1984)

• Es kann passieren, dass der Baum bis zur Wurzel gesplittet werden muss. Bei dem Splitten der Wurzel wird dann eine neue Wurzel erstellt, deren Kinder die beiden neuberechneten Knoten sind.

Abbildung 3 stellt das Einfügen zwei neuer Knoten F und G dar, indem G als der Überlauf behandelt werden soll.

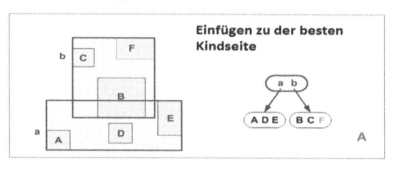

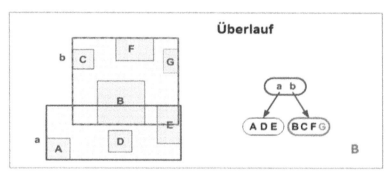

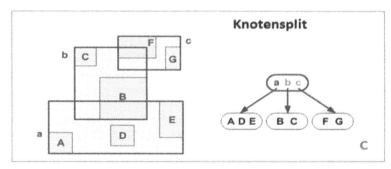

Abbildung 3: Einfügen in R-Bäumen[5]

---

[5] Vgl. (fergi.uni-osnabrueck.de/module/geodatenbanksysteme/)

12

2.2.3 Löschen

Das Löschen eines Eintrages wurde von Antonin Gutman wie folgende dargestellt[6]:

- Zunächst wird das Blatt, das den zu löschenden Eintrag enthält, gesucht.
- Dann wird der Eintrag aus dem Blatt gelöscht.
- Falls das Blatt weiterhin über mehr als m Einträge verfügt: wird die Vaterknoten aktualisiert .Falls der Knoten kleiner als die minimale Anzahl m ist, wird der Baum wie folgt reorganisiert: Zunächst werden alle Knoten außer der Wurzel, die zu wenig Einträge haben, gesucht. Danach werden diese entfernt und die Vaterknoten angepasst. Anschließend werden die Einträge der entfernten Knoten mittels des Einfügen- Algorithmus im Abschnitt 2.2.2 auf gleicher Ebene wieder eingefügt.

- Wenn die Wurzel nur noch einen Sohn hat, nachdem der Baum angepasst wurde, wird dieser zur neuen Wurze zugeordnetl.

Im Folgenden Beispiel wird der Eintrag 5 gelöscht (m=2, M=4).

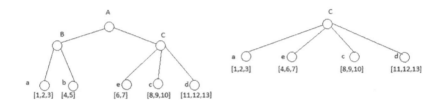

Abbildung 4: Löschen in R-Bäumen

2.2.4 Splitten des Knotens

Wie bereits in Abschnitt 2.2.2 erwähnt, kann ein Knoten durch das Einfügen eines Datenobjektes überlauft werden. Wenn die maximale Anzahl M der Einträge überschritten wird, müssen die Einträge auf zwei Knoten verteilt werden. Bei der Behandlung des Knotenüberlaufs sollen zwei Kriterien erfüllt werden. Zum einen soll die Gesamtfläche der beiden neuen Knoten möglichst klein gehalten werden, damit der tote Raum möglichst klein sein kann, und zum anderen soll die Überlappung der Knoten minimiert werden[7]. Jedoch ist es nicht immer möglich beide Ziele zu erreichen, wie in die beiden folgenden Abbildungen.

[6] Vgl. (Guttman, 1984)
[7] Vgl. (Guttman, 1984)

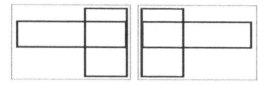

Abbildung 5 : Schlechtes Split

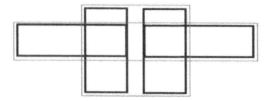

Abbildung 6: Gutes Split

Bei der Abbildung 5 gibt es keine Überlappung zwischen beiden Knoten, jedoch ist der tote Raum groß. Umgekehrt ist der tote Raum in Abbildung 6 minimiert, obwohl dieses Split Überlappung verursacht.

Manchmal ist es schwierig das gute Split zu finden. Im schlechtesten Fall sind die beiden neuen Knoten mit dem Vaterknoten identisch.

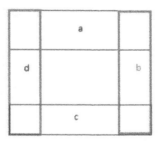

Abbildung 7: Identische Aufteilungen

Im obigen Fall sind die beiden neue Knoten , egal wie die vier Knoten in zwei Gruppen unterteilt werden, identisch mit dem Vaterknoten .Die Überlappung ist somit unvermeidbar.

Guttman hat die drei Algorithmen für das Splitten eines Knotens, der Exhaustive Algorithmus, der Quadratic-Cost Algorithmus und der Linear-Cost Algorithmus, entwickelt. Der Schwerpunkt liegt auf dem Linear-Cost Algorithmus, denn er wird für unser Hauptprogramm verwendet.

Der Exhaustive Algorithmus ist der einfachste Algorithmus:

- Zuerst werden alle möglichen Splits berechnet.

- Der beste Split mit der geringsten Gesamtfläche wird ausgewählt.

Allerdings beträgt die Anzahl der Möglichkeiten 2^M-1, deswegen ist dieser Algorithmus die schlechte Auswahl für eine Implementierung eines R-Baums.

Der Quadratic-Cost Algorithmus versucht eine gute Aufteilung mit einer möglichst kleinen Gesamtfläche zu finden:

- *Bestimmen der zwei Startknoten (PickSeeds):* Für jedes Paar von Objekten soll der Flächeninhalt seiner MBB berechnet werden Das Paar mit dem größten MBB wird ausgewählt. Wenn diese Objekte dem gleichen Knoten nicht gehören, werden sie als zwei Startknoten verwendet.

- *Zuordnung der übrigen Objekte(PickNext):*Für alle anderen Objekte wird die Differenz von zwei Gesamtflächenvergrößerungen der neue MBBs berechnet, wenn das Objekt zu den beiden Startknoten hinzugefügt wird. Das Objekt mit der größten Differenz wird ausgewählt und zu einem von beiden Knoten mit der geringsten Flächenvergrößerung eingefügt. Die beiden Startknoten sollen dadurch aktualisiert werden. Für alle übrigen Objekte soll der Vorgang wiederholt werden, bis alle Objekte den zwei Gruppen zugeordnet sind.

Der Quadratic-Cost Algorithmus garantiert nicht wie beim Exhaustive Algorithmus die kleinstmögliche Fläche. Die Kosten des Quadratic-Cost Algorithmus liegen bei $O(M^2)$.

Der Linear-Cost Algorithmus Dieser Algorithmus ähnelt dem Quadratic-Cost Algorithmus, aber der PickSeed Schritt wird durch andere Kriterien durchgeführt.

- *Bestimmen der zwei Startknoten (PickSeeds):*

    - Finde nach extremen Rechtecken in allen Dimensionen: In jeder Dimension wird der Eintrag mit der höchsten unteren und der tiefsten oberen Ecke gesucht. Der Abstand wird gespeichert.

    - Berechne den Abstand und normalisiere ihn: Die Abstände werden durch Dividieren durch gesamte Breite der Rechteckmenge entlang der entsprechenden Dimensionen normiert.

    - Wahl des extremsten Paares: Wähle das Paar mit der größten normalisierten Distanz in einer Dimension.

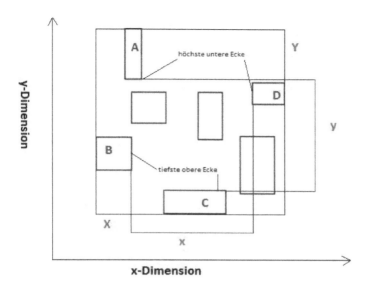

Abbildung 8: Wählen zwei Startknoten bei Linear-Cost Algorithmus

In Abbildung 7 würden B und D als Startknoten ausgewählt, wenn x/X größer als y/Y wäre. Sonst wird das Paare A und C ausgewählt.

- *Zuordnung der übrigen Objekte(PickNext):* Der PickNext Schritt in dem Linear-Cost Algorithmus ist ähnlich wie beim Quadratic-Cost Algorithmus.

Die Laufzeit ist linear zu M und der Anzahl der Dimensionen. Ähnlich wie Quadratic-Cost Algorithmus wird hier die Überlappung minimiert. Wegen der genannten Vorteile wird er den anderen beiden meist vorgezogen. Wie bereits erwähnt, bei der Visualisierung des R-Baum-Splits wird dieser Algorithmus verwendet, um viele Knoten in zwei Gruppen zu unterteilen. Dieser Algorithmus spielt eine wichtige Rolle in dieser Arbeit, um die R-Baum-Split zu visualisieren. Im Abschnitt 4.3.2 werden die beiden Schritte PickSeeds und PickNext durch zwei Methoden *LinearPickSeeds* und *FindNext* in Java Sprache programmiert.

2.2.5 Updates

Wird ein Datenobjekt aktualisiert und dadurch sein minimal umgebendes Rechteck sich verändert, muss sein Eintrag im Baum durch das Löschen Algorithmus in 2.2.3 entfernt, durch das Einfügen Algorithmus in 2.2.2 neu eingefügt werden, damit das Datenobjekt den richtigen Platz im Baum bekommen kann.

3. XFig

3.1 Einführung

Xfig ist ein interaktives Zeichenprogramm, das unter dem X-Window-System Version 11 Release 4 (X11R4), auf den meisten UNIX-kompatiblen Plattformen und z. B. unter Darwin auf dem Macintosh und einem X-Server unter Microsoft Windows läuft.

Xfig Dateien kann auch auf anderen Betriebssystemen genutzt werden. Beispielsweise können .fig-Dateien mit Hilfe des Programms *JFig* auf allen Plattformen, auf denen Java zur Verfügung steht, genutzt werden. Außerdem können Xfig Dateien mit WinFig bearbeitet werden, bei dem Windows-Funktionen wie Zwischenablage, Drucker Vorschau, mehrere Dokumente usw. genutzt werden.

Mit Xfig kann Figuren aus den Objekten wie Kreise, Rechtecke, Linien, Splinte, Texte usw. gezeichnet werden. Es ist auch möglich, Bilder in Formaten wie GIF, JPEG, EPS, PostScript, usw. zu importieren. Diese Objekte können erstellt, gelöscht, verschoben oder ergänzt werden. Attribute wie Farben oder Linienstil (*line_style*) kann auf verschiedenen Arten ausgewählt werden. Für den eingefügten Text stehen 35 Schriftarten zur Verfügung

Xfig speichert Figuren in seinem textbasierten, nativen *Fig Format*, das kann aber mit Hilfe des Transfig Programmes in verschiedene andere Formate wie Post-Script, PDF, GIF, JPEG usw. exportiert werden. Durch die Einbindung von Transfig Paket http://www.xfig.org/userman/installation.html können die Zeichnungen mit LaTeX Beschriftungen versehen werden können, so dass die Ausgabe in ein graphischer Teil (PostScript , PDF) und ein textueller Teil mit LaTeX-Kommandos erfolgen kann. [8]

Um den R-Baum zu visualisieren soll ein XFig Datei mit Fig Format 3.2, das in dem nächsten Abschnitt näher beschrieben wird, erstellt werden. Eine detaillierte Beschreibung des Fig Formats kann unter http://www.xfig.org/userman/fig-format.html gefunden werden.

3.2 Das Fig Format 3.2 [9]

3.2.1 Beschreibung des Fig Format 3.2

(1) Die erste Zeile ist eine Kommentarzeile, die den Name und Version zeigt: #FIG 3.2

(2) Die erste Nichtkommentarzeile besteht aus folgenden Komponenten:

---

[8] Vgl. (xfig.org)
[9] Vgl. (xfig.org)

	Datentypen	Bedeutung	Werte
1	string	orientation	"Landscape" oder "Portrait"
2	string	justification	"Center" oder "Flush Left"
3	string	units	"Metric" or "Inches"
4	string	papersize	"Letter", "Legal", "Ledger", "Tabloid", "A", "B", "C", "D", "E", "A4", "A3", "A2", "A1", "A0" oder "B5"
5	float	magnification	Vergrößerung beim Export und Druck (in %)
6	string	multiple-page	"Single" or "Multiple"
7	int	transparent color	Farbnummer für transparente Farbe für GIF: -3 = Hintergrund, -2 = Keine, -1 = Default, 0-31 für Standard-Farben oder 32 - für benutzerdefinierte Farben)
8	string	#optional comment	Die optionale auf die gesamte Zeichnung beziehende Kommentaren
9	int,int	resolution coord_system	Fig Einheiten / inch und Koordinatensystem:1: Ursprung am linken unteren Ecke (wird nicht verwendet), 2: Ursprung oben links

Tabelle 1: Die erste Nichtkommentarzeile von Fig Format.

Fig_resolution ist die Auflösung der Figur in der Datei. Fig Datei ist immer mit einer Auflösung von 1200ppi, deshalb werden die Figuren mit der anderen Auflösung skaliert. Pixel werden als quadratisch sein.

Die coordinate_system Variable wird ignoriert, d.h. der Ursprung ist immer die obere linke Ecke. Die Koordinaten werden in "fig_resolution" Einheiten angegeben. Die Linienbreite (thickness) wird in 1/80 Zoll (0.3175mm) oder 1 Bildschirm-Pixel angegeben. Beim Export in EPS, PostScript oder Bitmap-Format wird Linienbreite auf 1/160 Zoll (0.159mm) auf "heller" Aussehen reduziert.

(3) Der Rest der Fig Datei enthält verschiedene Objekte, die sich in sieben Klassen unterscheiden:

Kennzahl	Objekte	Bemerkung
0	Color pseudo-objekt	
1	Ellipse	Verallgemeinerung des Kreises
2	Polyline	Polygon und Feld
3	Spline	geschlossene/ offene und approximierte/ interpolierte Splines
4	Text	
5	Arc	
6	Compound object	von einem oder mehreren Objekten

Tabelle 2: Objekte von XFig.

Eine detaillierte Beschreibung von allen oben genannten Objekten kommt im Abschnitt 3.2.2 in Betracht. Danach werden die verschiedenen Werte von ihren zugehörigen Attributen im Abschnitt 2.2.3 erläutert.

3.2.2 Beschreibung des Fig Objekte

3.2.2.1 Color pseudo-Objekt

Diese wird für benutzerdefinierten Farben verwendet, die nicht unter der 32 Standardfarben sind und soll vor allen anderen Fig Objekte definiert werden.

• Erste Zeile:

Reihenfolg	Type	Name	Werte
1	int	object_code	Immer 0
2	int	color_number	Farbennummer von 32 bis 543
3	hex string	rgb values	Hexadezimalwert von Rot, Grün und Blau

Tabelle 3: Beschreibung von color pseudo-Objekt.

3.2.2.2 Arc

• Erste Zeile:

Reihenfolg	Type	Name	Werte
1	int	object_code	immer 5
2	int	sub_type	1: offen 2:geschlossen
3	int	line_style	siehe 3.2.3
4	int	line_thickness	1/80 inch
5	int	pen_color	siehe 3.2.3
6	int	fill_color	siehe 3.2.3
7	int	depth	0-999
8	int	pen_style	wird nicht genutzt
9	int	area_fill	siehe 3.2.3
10	float	style_val	1/80 inch
11	int	cap_style	1/80 inch
12	int	direction	0: im Uhrzeigersinn 1: gegen den Uhrzeigersinn
13	int	forward_arrow	0: kein Vorwärtspfeil 1: mit Vorwärtspfeil
14	int	backward_arrow	0: kein Rückwärtspfeil 1: mit Rückwärtspfeil
15	float	center_x, center_y	Mittelpunkt des Bogens
16	int	x1, y1	Fig Einheiten der ersten Punkt die vom Benutzer eingegeben wurden
17	int	x2, y2	Fig Einheiten der zweiten Punkt die vom Benutzer eingegeben

			wurden
18	int	x3, y3	Fig Einheiten der dritten Punkt die vom Benutzer eingegeben wur-den

Tabelle 4: Beschreibung der ersten Zeile von Arc-Objekt.

• Außerdem können sich die Zeile von Vorwärtspfeil(sowie Rückwärtspfeil) befinden, wenn foward_arrow(backward_arrow) 1 beträgt.

Reihenfolg	Type	Name	Werte
1	int	arrow_type	Aufzählungstyp
2	int	arrow_style	Aufzählungstyp
3	float	arrow_thickness	1/80 inch
4	float	arrow_width	Fig Einheiten
5	float	arrow_height	Fig Einheiten

Tabelle 5: Beschreibung der Zeile von Vorwärtspfeil oder Rückwärtspfeil.

3.2.2.3 Compound- Objekt
• Erste Zeile:

Reihenfolg	Type	Name	Werte
1	int	object_code	immer 6
2	int	upperleft_corner_x	Fig Einheiten
3	int	upperleft_corner_y	Fig Einheiten
4	int	lowerright_corner_x	Fig Einheiten
5	int	lowerright_corner_y	Fig Einheiten

Tabelle 6: Beschreibung der ersten Zeile von Compound-Objekt.

• Nachfolgende Zeilen:

Objekte
.

Tabelle 7: Beschreibung der nachfolgenden Zeilen von Compound-Objekt.

• Letzte Zeile:

-6

3.2.2.4 Ellipse

• Erste Zeile:

Reihenfolg	Type	Name	Werte
1	int	object_code	immer 1
2	int	sub_type	1: die durch Radien definierte Ellipse.. 2 die durch Durchmesser definierte Ellipse. 3: der durch Radius definierte Kreis. 4 die durch Durchmesser definierte Kreis.
3	int	line_style	siehe 3.2.3
4	int	thickness	1/80 inch
5	int	pen_color	siehe 3.2.3
6	int	fill_color	siehe 3.2.3
7	int	depth	0-999
8	int	pen_style	wird nicht genutzt
9	int	area_fill	siehe 3.2.3
10	float	style_val	1/80 inch
11	int	direction	Immer 1
12	int	angle	Der Winkel der x-Achse
13	int	center_x, center_y	Fig Einheiten für Mittelpunkt
14	int	radius_x, radius_y	Fig Einheiten für die Radien in X- und Y-Richtung
15	float	start_x, start_y	Fig Einheiten der ersten Punkt
16	int	end_x, end_y	Fig Einheiten der letzten Punkt

Tabelle 8: Beschreibung von Ellipse-Objekt.

3.2.2.5 Polyline

• Erste Zeile:

Reihenfolg	Type	Name	Werte
1	int	object_code	immer 2
2	int	sub_type	1: Polyline 2: Rechteck 3: Polygon 4: Rechteck mit abgerundeten Ecken 5: Rahmen für ein importiertes Bild
3	int	line_style	siehe 3.2.3
4	int	thickness	1/80 inch
5	int	pen_color	siehe 3.2.3
6	int	fill_color	siehe 3.2.3
7	int	depth	0-999
8	int	pen_style	wird nicht genutzt
9	int	area_fill	siehe 3.2.3
10	float	style_val	1/80 inch
11	int	join_style	siehe 3.2.3
12	int	cap_style	siehe 3.2.3
13	int	radius	Radius für die abgerundeten Ecken in1/80 inch

21

14	int	forward_arrow	0: kein Vorwärtspfeil 1: mit Vorwärtspfeil
15	int	backward_arrow	0: kein Rückwärtspfeil 1: mit Rückwärtspfeil
16	int	npoints	Anzahl der Punkten

Tabelle 9: Beschreibung der ersten Zeile von Polyline-Objekt.

• Die Zeilen von Vorwärtspfeil und Rückwärtspfeil sind optional wie beim Arc-Objekt im Abschnitt 3.2.2.2.

• Bei der Bilder von sub_type_5 soll dazu eine extra Zeile ergänzt werden:

Reihenfolg	Type	Name	Werte
1	Boolean	flipped	Orientierung 0 für das normale oder 1 für das gespiegelte Bild
2	char	file[ ]	Name von Bild-Datei zu importieren

Tabelle 10: Zeile für sub_type 5 von Polyline-Objekt.

•Danach kommt die Zeile für Punkte, die alle zugehörige Koordinaten auflistet:

Reihenfolg	Type	Name	Werte
1	int	x1, y1	Fig Einheiten
2	int	X2, y2	Fig Einheiten
.	.	.	.
n	int	xn, yy	Identisch mit x1, y1 bei sub_type 2,3,4,5

Tabelle 11: Zeile für Punkte von Polyline-Objekt.

3.2.2.6 Spline
• Erste Zeile:

Reihenfolg	Type	Name	Werte
1	int	object_code	immer 3
2	int	sub_type	0: offene angenäherte Spline 1: geschlossene angenäherte Spline 2: offene interpolierte Spline 3: geschlossene interpolierte Spline 4: offene x-Spline 5:geschlossene x-Spline
3	int	line_style	siehe 3.2.3
4	int	thickness	1/80 inch

5	int	pen_color	siehe 3.2.3
6	int	fill_color	siehe 3.2.3
7	int	depth	0-999
8	int	pen_style	wird nicht genutzt
9	int	area_fill	siehe 3.2.3
10	float	style_val	1/80 inch
11	int	cap_style	siehe 3.2.3
12	int	forward_arrow	0: kein Vorwärtspfeil 1: mit Vorwärtspfeil
13	int	backward_arrow	0: kein Rückwärtspfeil 1: mit Rückwärtspfeil
14	int	npoints	Anzahl der Kontrollpunkte in Spline

Tabelle 12: Beschreibung der ersten Zeile von Spline-Objekt.

• Die Zeilen von Vorwärtspfeil und Rückwärtspfeil sind optional wie beim Arc im Abschnitt 3.2.2.2.

• Die Zeile für Kontrollunkte ist wie beim Polyline-Objekt

3.2.2.7 Text
• Der Text kann als LaTeX_Text importiert werden und LaTeX Schriftarten stellen sich zur Verfügung.

1	int	object_code	immer 4
2	int	sub_type	0: linksbündig 1: zentriert 2: rechtsbündig
3	int	color	siehe 3.2.3
4	int	depth	0-999
5	int	pen_style	wird nicht genutzt
6	int	font	Schriftart
7	float	font_size	Schriftgröße
8	float	angle	Winkel des Texts
9	int	font_flags	Bit Vektor
10	float	height	Fig Einheiten
11	float	length	Fig Einheiten
12	int	x, y	Koordinaten des Ursprungs. Wenn sub_type 0 ist, ist es die linke untere Ecke des Texts. Wenn sub_type 1 ist ist es die untere Mitte. Ansonsten ist es die untere rechten Ecke des Texts.
13	int	string[ ]	ASCII Zeichen: beginnt nach einer Leerzeichen, die der letzten Zahl folgt und endet, bevor der Sequenz '\ 001'.

Tabelle 13: Beschreibung von Text-Objekt.

• Die *font_flags* Feld ist wie folgt definiert:

Bit	Name	Bemerkung
0	Rigid text	Text skaliert nicht beim Skalieren des Compound-Objektes
1	Special text	für LaTeX
2	PostScript font	sonst LaTeX Schrift verwendet wird
3	Hidden text	

Tabelle 14: font_flags bei Text-Objekt.

• Die *font* Feld bei font_flags bit 2 = 0 (LaTeX Schriftart) ist wie folgt definiert:

```
0    Default font
1    Roman
2    Bold
3    Italic
4    Sans Serif
5    Typewriter
```

Tabelle 15: LaTeX Schriftart bei Text-Objekt.

• Die *font* Feld bei font_flags bit 2 = 1 (PostScript Schriftart) ist wie folgt definiert:

```
-1    Default font
 0    Times Roman
 1    Times Italic
 2    Times Bold
 3    Times Bold Italic
 4    AvantGarde Book
 5    AvantGarde Book Oblique
 6    AvantGarde Demi
 7    AvantGarde Demi Oblique
 8    Bookman Light
 9    Bookman Light Italic
10    Bookman Demi
11    Bookman Demi Italic
12    Courier
13    Courier Oblique
14    Courier Bold
15    Courier Bold Oblique
16    Helvetica
17    Helvetica Oblique
18    Helvetica Bold
19    Helvetica Bold Oblique
20    Helvetica Narrow
21    Helvetica Narrow Oblique
22    Helvetica Narrow Bold
23    Helvetica Narrow Bold Oblique
24    New Century Schoolbook Roman
25    New Century Schoolbook Italic
26    New Century Schoolbook Bold
27    New Century Schoolbook Bold Italic
28    Palatino Roman
29    Palatino Italic
30    Palatino Bold
31    Palatino Bold Italic
32    Symbol
33    Zapf Chancery Medium Italic
34    Zapf Dingbats
```

Tabelle 16: PostScript Schriftart bei Text-Objekt.

3.2.3 Erklärung der Attributen

In dem vorherigen Abschnitt sind alle Fig Objekte mit ihren zugehörigen Attribute vorgestellt .Manche Attribute mit dem Hinweis „siehe 3..2.3" wurden noch nicht erklärt. In diesem Abschnitt werden alle mögliche Werte von ihnen und ihre Bedeutung näher eingegangen.

• Die Farbcodes bei den Attributen *pen_color* und *fill_color* oder *color* beim Text-Objekt wird wie folgt definiert:

Wert	Bedeutung
-1	Default
0	Schwarz
1	Blau
2	Grün
3	Cyan
4	Red
5	Magenta
6	Gelb
7	Weiß
8-11	vier Farben von Blau (dunkel bis heller)
12-14	drei Farben von Grün (dunkel bis heller)
15-17	drei Farben von Cyan (dunkel bis heller)
18-20	drei Farben von rot (dunkel bis heller)
21-23	drei Farben von Magenta (dunkel bis heller)
24-26	drei Farben von Braun
27-30	vier Farben von Pink
31	Gold
32-534	Benutzerdefinierte Farbe

Tabelle 17: Farbcodes von *pen_color* und *fill_color.*

• Für die *fill_color* Weiß wird die Attribute *area_fill* wie folgt geregelt:

Wert	Bedeutung
-1	Nicht gefüllt
0	Schwarz
1-19	Schattierungen von Grau, von hellere bis dunklere
20	Weiß
21-40	wird nicht verwendet
41-56	Verschiedene Füllmuster, siehe Tabelle 18

Tabelle 18: Farbcodes von *area_fill* für *fill_color* Weiß.

• Für die *fill_color* Schwarz wird die Attribute *area_fill* wie folgt geregelt:

Wert	Bedeutung
-1	Nicht gefüllt
0	Weiß
1-19	Schattierungen von Grau, von dunklere bis hellere
20	Schwarz
21-40	wird nicht verwendet
41-56	Verschiedene Füllmuster, siehe Tabelle 18

Tabelle 19: Farbcodes von *area_fill* für *fill_color* Schwarz.

• Für alle anderen *fill_color* Farben gelten für *area_fill* die Werte in Tabelle 18:

Wert	Bedeutung
-1	nicht gefüllt
0	Schwarz
1-19	Schattierungen von Schwarz bis zur Farbe
20	vollständige Sättigung der Farbe
21-39	Schattierungen von der Farbe bis Weiß
40	Weiß
41	30 Grad links- diagonal
42	30 Grad rechts- diagonal
43	30 Grad Kreuzschraffur
44	45 Grad links- diagonal
45	45 Grad rechts- diagonal
46	45 Grad Kreuzschraffur
47	horizontale Ziegel
48	vertikale Ziegel
49	horizontale Linien
50	vertikale Linien
51	Kreuzschraffur
52	horizontale nach rechts abgeschrägte Dachziegel
53	horizontale nach links abgeschrägte Dachziegel
54	vertikale nach rechts abgeschrägte Dachziegel
55	vertikale nach links abgeschrägte Dachziegel
56	Fischschuppen
57	kleine Fischschuppen
58	Kreise
59	Hexagone
60	Oktagone
61	horizontales Reifenmuster
62	vertikales Reifenmuster

Tabelle 20: Farbcodes von *area_fill* für *alle anderen fill_color* .

• Das Attribute depth , das 0 bis 999 sein kann, bestimmt auf welcher Ebene das Objekt liegt. Ein größerer Wert bedeutet, dass das Objekt hinter den Objekten mit niegrigem Wert gezeichnet wird.

• Weiterhin zeigt die folgende Tabelle die mögliche Werte von *line_style* und ihre Bedeutungen:

Wert	Bedeutung
-1	Default
0	durchgezogene Linie
1	gestrichelte Linie
2	gepunktete Linie
3	Strich-Punkt-Linie
4	Strich-Punkt-Punkt-Linie
5	Strich-Punkt-Punkt-Punkt-Linie

Tabelle 21: Farbcodes von *line_style* .

27

• Das Attribute *style_val* beschreibt die Distanz zwischen den Strichen und Punkten eines *line_style* und deren Längen wird in 1/80 Zoll definiert.

• Die *join_style* Feld ist nur für die Linien wie folgt definiert:

Wert	Bedeutung
0	Gehrung
1	Runde
2	Bevel

Tabelle 22: Farbcodes von *join_style*.

• Die *cap_style* Feld ist für Linien, offene Splines und Arcs wie folgt definiert:

Wert	Bedeutung
0	Butt
1	Runde
2	Projektion

Tabelle 23: Farbcodes von *cap_style*.

• Die *arrow_type* Feld wird für Linien, Bögen und offene Splines wie folgt definiert:

Wert	Bedeutung
0	Stab-Typ
1	Geschlossene Dreieck
2	Geschlossen mit eingerücktem Butt
3	Geschlossen mit gezeigtem Butt

Tabelle 24: Farbcodes von *arrow_style* .

4. Das Programm VisualisierungRBaum

Im Rahmen dieser Arbeit wird das Programm VisualisierungRBaum in Programmie-rungssprache Java entwickelt. Nach dem Aufgabebereich wird das Programm in drei Paketen wie folgendes Klassendiagramm in Abbildung 9 aufgebaut:

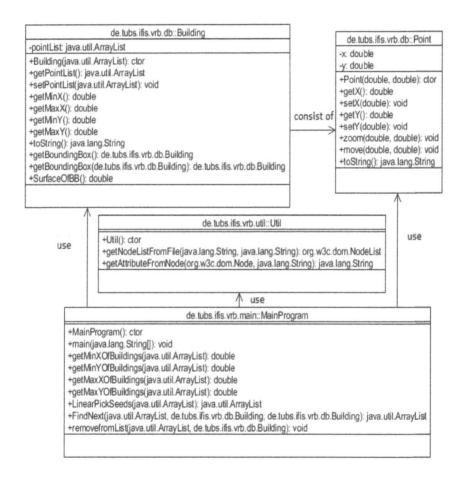

Abbildung 9: Klassendiagramm von dem Programm VisualisierungRBaum

• *Paket de.tubs.ifis.vrb.db* besteht aus zwei grundlegende Objekte, die vom ganzen Programm verwendet wurde. Zum einen ist die Klasse Point, die als Knote in

XML Datei bezeichnet wird. In Klasse Point stehen außer seiner eigenen Konstruktor verschiedene Methoden zur Verfügung wie z.B *getX()*, *getY()*, *zoom()*, *move()*. Zum anderen ist die Klasse Building, die Gebäude bedeutet. Zu einem Gebäude gehören drei oder mehrere Knoten. Die wichtigste Methode von Building sind die zweie, die Bounding Box (MBB) von einem oder zweien Gebäude berechnet.

• *Paket de.tubs.ifis.vrb.util* hat einzige Klasse Util, die als eine Hilfsklasse gilt, um die XML einzulesen und die benötigte Informationen auszuwählen. Die benötigten Informationen sind hier die Koordinaten von allen Gebäuden in .osm Datei, die anderen Informationen sind nicht relevant.

• *Paket de.tubs.ifis.vrb.main* enthält die Klasse MainProgram mit der *main* Methode, die alle andere o.g. Klasse verwendet. Um das im Abschnitt 1.1 erwähntes Problemstellung zu schaffen sollen die gesamte Aufgabe sich in vier Schritten unterteilt:

• Einlesen der XML Datei von OpenStreetMap(OSM)

• Bearbeitung der originalen Koordinaten

• Berechnen aller Bounding Boxen für alle Gebäude sowie zwei End-Bounding Box nachdem Splittens anhand des Linear-Cost Algorithmus im Abschnitt 2.2.4.

• Ausgabe in Fig Format.

Diese vier unterschiedlichen Bereiche werden in folgenden Abschnitten besprochen.

4.1 Einlesen der XML Datei von OpenStreetMap

Zunächst wird der OpenStreetMap und seine XML Format in dem folgenden Abschnitt vorgestellt. Danach wird Document Object Model (DOM) von Java als geeignetes Hilfsmittel betrachtet, um die benötigten Informationen aus OSM Datei zu extrahieren. Zuletzt wird die Implementierung näher gebracht.

4.1.1 Was ist OpenStreetMap?

OSM ist ein Gemeinschaftsprojekt, das als Wikipedia der Kartographie gelten kann, denn seine offenen Geodaten sind von Benutzer erstellt bzw. können geändert werden. Außerdem kann jede Person seine Karten bzw. Datenbanken zugreifen. Unter www.openstreetmap.org kann jede für ein Konto registrieren, um freie Karten zu downloaden. Um die Daten zu bearbeiten, stellen sich verschiedene Editoren zur Verfügung, z.B. offline-Editor JOSM, der in Java geschrieben ist, oder Online-Editor Potlatch, der auf Flash basiert[10].

---

[10] Vgl. (Wikipedia)

30

Die fertigen Kartendaten werden im .osm-Format, das auch ein XML-Format ist, auf
Wunsch exportiert. Eine .osm Datei, die durch JOSM gespeichert ist, sieht wie folgt
aus:

```
<?xml version='1.0' encoding='UTF-8'?>
<osm version='0.6' upload='true' generator='JOSM'>
<bounds minlat="..." minlon="..." maxlat="..." maxlon="..."/>
        <node id="34673582" lat="..." lon="..." user="..."
timestamp="..." ...>
                <tag k="..." v="..."/>
                ...
        </node>
        ...
        <way id="24864787" user="..." timestamp="..." ...>
        <nd ref="34673582"/>
        ...
        <tag k="..." v="..."/>
        ...
        </way>
        ...
        <relation id="939038" user="..." timestamp="..." ...>
                <member type="node" ref="34673582" role="..."/>
                ...
                <member type="way" ref="24864787" role="..."/>
                ...
                <member type="relation" ref="..." role="..."/>
                ...
                <tag k="..." v="..."/>
                ...
        </relation>
        ...
</osm>
```

Abbildung 10: Übersicht von einer .osm Datei

Die Struktur einer .osm Datei besteht aus drei grundlegenden Objekten: No-
de(Knoten), Way(Weg) und Relation(Beziehung). Die Abbildung 11 visualisiert die
vereifachte Darstellung des Datenmodells, welches das OpenStreetMap zu Grunde
liegt.

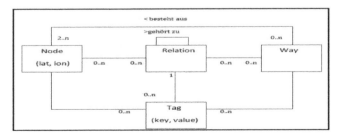

Abbildung 11: Vereinfachte Darstellung des OSM Datenmodells[11].

Nodes sind die Basiselemente von OSM Datenmodell. Jeder Node besitzt eine ID sowie die geographische Länge (lat) und Breite (lon) und viele weitere key-value Paare. Folgendes Beispiel verdeutlicht die Struktur von Node.

```
<node id='59706413' timestamp='2012-07-24T05:23:24Z' uid='393959'
user='erge50' visible='true' version='12' changeset='12460240'
lat='52.2786235' lon='10.5572755'>
    <tag k='highway' v='bus_stop' />
    <tag k='name' v='Querumer Straße' />
    <tag k='railway' v='tram_stop' />
    <tag k='shelter' v='yes' />
    <tag k='tactile_paving' v='yes' />
    <tag k='wheelchair_route bus 433' v='yes' />
    <tag k='wheelchair_route bus 443' v='yes' />
</node>
```

Abbildung 12: Beispiel von einem Node-Objekt.

Die Attribute „timestamp" und „user" bezeichnen das Änderungsdatum sowie Name der Bearbeiter dieser Information. Die key-value „k=" und „v=" zeigen die Eigenschaften von diesem *Node*. Ein *Node*, die ein Teil von Way ist, kann aber nur aus Attributen ohne Tag-Element bestehen.

Weiterhin werden *Ways*, die zweite Grundelemente von OSM sind, näher erläutert. *Ways*, die entweder Wege oder Flächen können aus 2 bis 2000 Nodes bestehen. Neben seiner Id wird Way von einer Menge des Tags <nd ref="<Id von Node>"/> definiert. In Rahmen dieser Arbeit sollen all Ways, die Tag der Art <tag k="building" v="yes"/> besitzen, wie folgendes Beispiel selektiert werden.

```
<way id='110740492' timestamp='2011-04-28T17:31:12Z'
uid='393959' user='erge50' visible='true' version='1' chang-
eset='7996668'>
    <nd ref='1263815853' />
    <nd ref='1263816012' />
    <nd ref='1263815680' />
    <nd ref='1263815310' />
    <nd ref='1263815853' />
    <tag k='building' v='yes' />
</way>
```

Abbildung 13 : Beispiel von einem Way-Objekt.

---

[11] Vgl. (Frederik Ramm, 2010)

32

Das obige Gebäude mit der *id* 11074049 hat vier *Nodes*, das beim *Way* der erste und der letzte *Node* immer identisch sind. Mit dem Tag <tag k="building" v="yes"/> unterscheidet sich dieses Gebäude von andere Wege.

Als letztes grundlegendes Element sind Relations, die Beziehungen zwischen verschiedenen Objekten (Nodes, Ways oder anderen Relations) beschreiben. Sein besondere Atrribute „roll " gibt an, welche Rolle das Objekt in der Relation spielt, jedoch kann ein beliebiger (auch leerer) Freitext sein. Hier kommt ein Beispiel von Relation.

```
<relation id='7723' timestamp='2012-07-30T23:13:18Z'
uid='92274' user='adjuva' visible='true' version='17' chang-
eset='12554818'>
  <member type='way' ref='23383803' role='outer' />
  <member type='way' ref='22965326' role='outer' />
  <member type='way' ref='102718403' role='outer' />
  <member type='way' ref='29413248' role='outer' />
  <member type='way' ref='33777956' role='outer' />
  <tag k='admin_level' v='9' />
  <tag k='boundary' v='administrative' />
  <tag k='name' v='Volkmarode' />
  <tag k='ref' v='114' />
  <tag k='type' v='multipolygon' />
  <tag k='wikipedia' v='de:Volkmarode (Stadtbezirk)' />
  </relation>
```
Abbildung 14 : Beispiel von einem Relation-Objekt.

Denn Relation ist für diese Arbeit nicht relevant, daher sollen seine Eigenschaften nicht näher betrachtet werden.

Um das Ziel dieser Arbeit zu erreichen, ist eine Hilfsmittel, um alle Ways mit dem Mit dem Tag <tag k="building" v="yes"/>, notwendig. Der nächste Abschnitt wird DOM von Java als ein geeignetes Werkzeug vorgestellt.

4.1.2 DOM in Java

Das Document Object Model (DOM) ist eine Programmierschnittstelle (Application Programming Interface, API) für XML- und HTML-Dokumente, die vom World Wide Web Consortium (www.w3c.org) definiert wurde.

Das DOM bietet verschiedene Schnittstellen und Methoden zum Erstellen, Durchsuchen, Ändern oder Löschen von Dokumentinhalten. DOM Struktur ist ähnlich wie eine Baumstruktur[12]:

  • Ein Dokumentknoten beschreibt die gesamte Baumstruktur. Ein Dokumentfragmentknoten stellt einen Teil der Baumstruktur dar. Manche wichtige Methode von *Node* wird in folgender Abbildung vorgestellt:

[12] Vgl. (Wikipedia)

- **short getNodeType()**
  Liefert den Typ des Knotens zurück.
- **Node getParentNode()**
  Liefert den Vorgängerknoten zurück.
- **Node getNextSibling()**
  Liefert den nächsten Geschwisterknoten zurück oder null,
  falls es keinen weiteren Geschwisterknoten mehr gibt.
- **Node getFirstChild()**
  Liefert den ersten Kinderknoten zurück oder null, falls der
  Knoten keine Kinderknoten hat.
- **NodeList getChildNodes()**
  Liefert eine NodeList, die alle Kinderknoten enthält.

Abbildung 15: Methode von Node[13]

• Ein Elementknoten repräsentiert ein Element in XML, und seine relevante Methode sind:

- **String getTagName()**
  Liefert den Namen des Elements zurück.
- **String getAttribute(String name)**
  Liefert den Wert von „name" zurück.
- **NodeList getElementsByTagName(String name)**
  Liefert eine NodeList von Elementknoten zurück, die re-
  kursiv unter diesen Knoten liegen und den Tag-
  Namen „name" haben. Falls es keine Knoten gibt, soll ein
  leeres List zurückliefern

Abbildung 16: Methoden von Element[14]

• Ein Attributknoten ist ein Attribut in XML. Attributknoten sind keine „Kinder" von Elementknoten, sondern Eigenschaften von ihnen.

• Ein Textknoten beschreibt den textuellen Inhalt eines Elements.

4.1.3 Implementierung des XML Einlesens

Beim Einlesen der XML Datei soll Klasse Util als Hilfsklasse benutzt werden. Die Klasse Util soll vier Pakete für Document, Node, Element und NodeList von org.w3c.dom sowie zwei Pakete *javax.xml.parsers.DocumentBuilder* und *ja-*

---

[13] Vgl. (dpunkt.de/java/Programmieren_mit_Java/XML)
[14] Vgl. (dpunkt.de/java/Programmieren_mit_Java/XML)

vax.xml.parsers.DocumentBuilderFactory importieren. In Util werden zwei Methoden
definiert: Zum einen ist die Methode *getNodeListFromFile(fileName, atrribute)*, die
eine NodeList zurückliefert, die alle Elementknoten aus *fileName* enthält, die den
Tag-Name *attribute* haben. Zum anderen ist *getAttributeFromNode(node, attribute)*,
die den Wert des durch *attribute* bezeichneten Atrributs von Node *node* zurückliefert.

```
package de.tubs.ifis.vrb.util;

import java.io.File;

import javax.xml.parsers.DocumentBuilder;
import javax.xml.parsers.DocumentBuilderFactory;

import org.w3c.dom.Document;
import org.w3c.dom.Element;
import org.w3c.dom.Node;
import org.w3c.dom.NodeList;

public class Util {
        public static NodeList getNodeListFromFile(String fileName,
String attribute) {
                File file = new File(fileName);
                NodeList nodeList = null;
                try {
                        DocumentBuilderFactory docBuilderFactory = Document-
BuilderFactory
                                .newInstance();
                        DocumentBuilder docBuilder = docBuilderFacto-
ry.newDocumentBuilder();
                        Document doc = docBuilder.parse(file);
                        doc.getDocumentElement().normalize();
                        nodeList = doc.getElementsByTagName(attribute);
                } catch (Throwable t) {
                        t.printStackTrace();
                }
                return nodeList;
        }

        public static String getAttributeFromNode(Node node, String at-
tribute) {
                Element e = (Element)node;
                return e.getAttribute(attribute);
        }

}
```

Abbildung 17: Quellcode von Klasse Util

Nachdem Erstellung der Klasse Util kann das Einlesen von XML in *main* Methode
mühelos wie in Abbildung 18 erfolgen. Zuerst wird die Variable *pointMap* aus Klasse
HashMap<String, Point> deklariert, die eine Hashtabelle aus Schlüssel und zugehörigem Point darstellt. Mit Hilfe von Util Klasse wird eine NodeList *pointList* von Knoten
mit ihren Atrributen *id*, *lon*(Breite oder x-Koordinate), *lat*(Länge oder y-Koordinate)

erstellt. Dann werden alle *id* als Schlüssel und *(lon, lat)* als Point von pointMap gespeichert, damit der zugehörige Point durch einen vorgegebenen Schlüssel zurückgegeben werden kann.

Danach wird alle Element *way* aus XML Datei ebenfalls mit Hilfe von Util Klasse in
NodeList *wayList* gespeichert. Von jedem *way* sollen alle ihre Tag-Element *tag* geprüft werden, ob der Wert von *k* building ist. Wenn ja, wird dieser *way* zu ArrayList
buildingList hinzugefügt. Anhand der HashMap *pointMap* werden alle Koordinaten
von *way* durch die Methode *pointMap.get(Schlüssel)* wieder zugegriffen. Der Schlüssel hier ist die *id* von den Komponentenknoten, die beim *way* der Wert des Attributs
ref von Tag-Element *nd* ist. Abschließend steht eine List von allen Gebäude mit ihren zugehörigen Koordinaten(x, y) zur Verfügung, dabei wird die die XML-Datei bis
zu dem Zeitpunkt fertig eingelesen sein.

```java
HashMap<String, Point> pointMap = new HashMap<String, Point>();
NodeList pointList =Util.getNodeListFromFile("Data/test.osm", "node");

//Speicherung alle Point in pointMap
for (int i = 0; i < pointList.getLength(); i++) {
        String id =Util.getAttributeFromNode(pointList.item(i), "id");
        String lat = Util.getAttributeFromNode(pointList.item(i), "lat");
        String lon = Util.getAttributeFromNode(pointList.item(i), "lon");
        pointMap.put(id, new Point(Double.valueOf(lon),   Double.valueOf(lat)));
        }


// Speicherung alle building in building list, und Koordinaten von Knoten
ArrayList<Building> buildingList = new ArrayList<Building>();
NodeList wayList = Util.getNodeListFromFile("Data/test.osm","way");
for (int i = 0; i < wayList.getLength(); i++) {
        Element way = (Element) wayList.item(i);
        NodeList tagList = way.getElementsByTagName("tag");
        boolean isBuilding = false;
        for (int k = 0; k < tagList.getLength(); k++) {
                if (Util.getAttributeFromNode(tagList.item(k), "k").equals("building")) {
                        isBuilding = true;
                }
        }
        if (isBuilding) {
                ArrayList<Point> pList = new ArrayList<Point>();
                NodeList ndList = way.getElementsByTagName("nd");
                for (int j = 0; j < ndList.getLength(); j++) {
                        String ref = Util.getAttributeFromNode(ndList.item(j),"ref");
                        pList.add(pointMap.get(ref));
                        // Koordinaten von Knoten mit id ref zurückliefern
                }

                        buildingList.add(new Building(pList));
        }
}
```

Abbildung 18: Quellcode zum Einlesen von XML Datei in *main* Methode

36

4.2 Bearbeitung der originalen Koordinaten

Für eine gute Darstellung von Xfig sollen die originalen Koordinaten von allen Gebäuden in folgenden Schritten transformiert[15] werden:

4.2.1 Ursprungsverschiebung

Aufgrund des großen Abstands zwischen dem Ursprung und dem Extremrechteck, das MBB von allen Gebäude ist, wird die Verschiebung des Koordinatensystems benötigt. Der Ursprung soll zu dem Eckpunkt des Extremrechtecks, die die kleinste x-Koordinate und die kleinste y-Koordinate besitzt, verschoben werden. Die gesamte Zeichnung auf dem ersten Quadrant soll damit dem Ursprung möglichst nah liegen. Dadurch können alle Koordinaten verkleinert werden und die Zeichnung kann bei Xfig leicht auf dem Bildschirm betrachtet werden.

4.2.2 Skalierung unter Berücksichtigung der Geographische Breite

Die Erde wird wie in der Abbildung in 360 Längengrade und 180 Breitengrade aufgeteilt, indem der Äquator als 0° Breitengrad und der Greenwich-Längengrad als 0° Längengrade ist. Die Breitenkreise sind Vollkreise parallel zum Äquator und die Längenkreise laufen immer beide Pole durch. Deswegen sind die Längenkreise bei allen Längengraden ungefähr 40.000km lang, während die Breitenkreise unterschiedlich sind. Der Äquator ist als der längste Breitenkreis mit einer Länge von ungefähr 40.000 km.

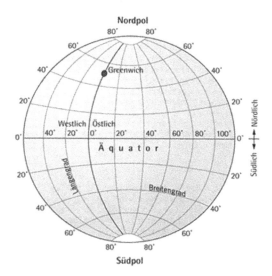

Abbildung 19: Die Längen- und Breitengrade auf der Erde[16]

---

[15] Vgl. (Wikipedia)

Die Testdaten von dieser Arbeit zeigt die geographische Lage in Braunschweig, welche eine geographische Breite von 52° 16' (ungefähr 52,27°) beträgt.Der Radius eines Breitenkreises beträgt:

r = 6400 km.cos 52,27 = 3916,5 km

Somit ist der Umfang von Breitenkreis ungefähr 24.000 km.

(Formel aus https://de.wikipedia.org/wiki/Geographische_Breite)

OSM verwendet die Mercator Projektion[17], die eine Form der Zylinderprojektion ist. Durch die Mercator Projektion werden die Meridianstreifen parallel umgewandelt. Je nördlicher die Lage ist, desto mehr ausgedehnt werden die Objekte in Ost-West-Richtung (s. Abbildung 19). Somit wird die Form der Objekte auf der Karte verzerrt.

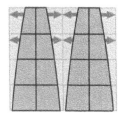

Abbildung 20: Verzerrung der Objekte in Ost-West-Richtung[18]

Um die Verzerrung möglichst zu verringern, soll entweder ein Maßstab in Ost-West-Richtung(für x-Koordinate) oder in Nord-Süd-Richtung(für y_Koordinate) berechnet werden, der vom Breitenkreis von Braunschweig abhängig ist. Die oben genannten Maßstäbe betragen:

- Maßstab in Ost-West-Richtung ist ungefähr 0.6 (24.000 km/ 40.000 km).
- Maßstab in Ost-West-Richtung ist ungefähr 1,66 (40.000 km/ 24.000 km).

In dieser Arbeit wird der Maßstab in Ost-West-Richtung für y-Koordinaten benutzt.

4.2.3 Ursprungsveränderung

Wie im Abschnitt 3.2.1 bereits erwähnt, ist der Koordinatenursprung beim Xfig immer oben links in der Ecke. Deswegen soll das Koordinatensystem noch mal verändert werden, damit die Richtung von der gesamten Zeichnung wie in der Landkarte bleiben kann. Der Ursprung soll mit der oberen linken Ecke des Extremrechtecks identisch sein und die positiven Werte sollen im unteren rechten Quadranten des Koordinatensystems liegen. Die alte Zeichnung wird bei unveränderten x-Koordinaten gespiegelt, während der y-Koordinaten wie folgt neu berechnet werden müssen:

---

[16] Vgl. (wiki.astro.com)
[17] Vgl. (Wikipedia)
[18] Vgl (gerhard-mercator.de)

neue y-Koordinate= Länge der Extremrechtecksseite nach y-Richtung − alte y-Koordinate

4.2.4 Skalierung für eine bessere Auflösung bei Xfig

Um eine gute Auflösung bei Xfig zu schaffen, sollen ein Skalar gesucht werden, mit dem alle Koordinatenwerte multipliziert werden. Dabei beträgt der größte Koordinatenwert 20.000. Der größte Koordinatenwert ist die Länge entweder der nach x-Richtung oder der nach y-Richtung verlaufenden Extremrechtecksseite.

Im nächsten Abschnitt befindet sich die Implementierung der gesamten Bearbeitung der originalen Koordinaten, die vier oben genannten Aspekte sichert.

4.2.5 Implementierung der Koordinatenbearbeitung

In der Klasse *Point* werden verschiedene Methoden zur Bearbeitung der Koordinaten wie in Abbildung bereitgestellt. Die Methode *zoom (double zX, double zY)* verändert die alte Koordinate durch Multiplizieren x-Koordinate mit zX und y-Koordinate mit zY. Diese hilft bei der Skalierung in den Abschnitten 4.2.2 und 4.2.4.Die im Abschnitt 4.2.1 besprochene Ursprungsverschiebung verwendet die Methode *move(double mX, double mY)*, um für allen Punkte um ein Vektor(mX,mY) zu verschieben.

```java
public class Point {
    ….

    public double getX() {
        return x;
    }

    public void setX(double x) {
        this.x = x;
    }

    public double getY() {
        return y;
    }

    public void setY(double y) {
        this.y = y;
    }

    public void zoom(double zX, double zY){
        this.x *=  zX;
        this.y *=  zY;
        this.x=  Math.round(this.x) ;
        this.y=  Math.round(this.y) ;
    }


    public void move(double mX, double mY){
        this.x -= mX;
        this.y -= mY;
    }
}
```

```
.....
}
```

Abbildung 21: Quellcode von Klasse Point

Außerdem stehen vier Methoden *getMinXOfBuildings()*, *getMinYOfBuildings()*, *get-MaxXOfBuildings()* und *getMaxYOfBuildings()* für die Ursprungsveränderung im Abschnitt 4.2.3 zur Verfügung, um zuerst die vier Ecke des Extremrechteck zu berechnen.

In folgender Abbildung wird zuerst das Extremrechteck auf der x-Achse und y-Achse durch *move(MIN_X, MIN_Y)* verschoben (Zeile 11). Danach wird ein einziger Skalar für beiden Bedingungen in Abschnitt 4.2.2 und 4.2.4 gesucht, der der größere von *skale_X* und *skale_Y* ist(Zeile 5 und 6). Anschließend werden allen Koordinaten mit dem geeigneten Faktor multipliziert(Zeile 13 oder 18). Zum Schluss werden die allen y_Koordinaten gespiegelt, damit der Ursprung nach oben links wie in Xfig-Format verschoben(Zeile 14 oder 19) werden kann. Alle Punkte von der Menge *pointMap.entrySet()*, die alle Entries(Schlüssel-Punkte-Paare) zurückgeben, werden neu berechnet.

```
(1)double MIN_X = getMinXOfBuildings(buildingList);
(2)double MIN_Y = getMinYOfBuildings(buildingList);
(3)double MAX_X = getMaxXOfBuildings(buildingList);
(4)double MAX_Y = getMaxYOfBuildings(buildingList);

(5)double skale_X=   20000/(MAX_X-MIN_X);

(6)double skale_Y= 20000/((MAX_Y-MIN_Y)*1.66) ;

(7)double maxlongtitude1=   ( skale_X*(MAX_Y-MIN_Y)*1.66);
(8)double maxlongtitude2=  (skale_Y*(MAX_Y-MIN_Y)*1.66);

(9)Set<Entry<String,Point>> set = pointMap.entrySet();
(10)for (Entry<String, Point> e : set) {
(11)    e.getValue().move(MIN_X, MIN_Y);
(12)    if (skale_X<skale_Y){
(13)          e.getValue().zoom( skale_X,skale_X*1.66);
(14)          e.getValue().setY( Math.round(maxlongtitude1- e.getValue().getY()));
(15)    }
```

```
(16)    else
(17)    {
(18)            e.getValue().zoom( skale_Y,skale_Y*1.66);
(19)            e.getValue().setY(Math.round( maxlongtitude2 - e.getValue().getY()));
(20)                }

(21)            }
```

Abbildung 22: Quellcode der Bearbeitung der originalen Koordinaten

4.3 Das R-Baum lineare Splitten

In Rahmen dieser Arbeit wird der Linear-Cost Algorithmus vom Abschnitt 2.2.4 als das geeignete Hilfsmittel verwendet. Dieses Unterkapitel unterteilt sich wieder in zweiTeile: Zum einen wird die Klasse *Building.java* mit allen nützlichen Methoden vorgestellt. Zum anderen werden zwei Schritten der Linear-Cost Algorithmus sowie das Splitten implementiert.

4.3.1 Klasse Building.java

Die Übersicht der Klasse Building.java wird von der folgenden Abbildung gezeigt.

```
de.tubs.ifis.vrb.db::Building
-pointList: java.util.ArrayList
+Building(java.util.ArrayList): ctor
+getPointList(): java.util.ArrayList
+setPointList(java.util.ArrayList): void
+getMinX(): double
+getMaxX(): double
+getMinY(): double
+getMaxY(): double
+toString(): java.lang.String
+getBoundingBox(): de.tubs.ifis.vrb.db.Building
+getBoundingBox(de.tubs.ifis.vrb.db.Building): de.tubs.ifis.vrb.db.Building
+SurfaceOfBB(): double
```

Abbildung 23: Übersicht von Klasse Building

Für die Klasse *Building* wird der Konstruktor *Building(ArrayList<Point>)* deklariert. Die Methode *getPointList()* hilft bei dem Zugreifen der zugehörigen Knoten von dem Objekt Building und die Methode *setPointList()* wird für das Erzeugen eines Objekt Building verwendet. Weiterhin stehen vier Methode *getMaxX()*, *getMinX()*, *getMaxY()*, *getMinY()* zur Verfügung, um die unteren und oberen Ecke von Building zu berechnen. Außerdem werden Objekte *Building* in der für Xfig geeignete Textform durch *toString()* ausgegeben. MBB, die spielt eine wichtige Rolle in der Visualisierung des R-Baums spielt, kann durch *getBoundingBox()* und *getBoundBox(Building)* berechnet werden. Dadurch kann die MBB von entweder einem Gebäude oder zwei Gebäuden bestimmt werden. Letztlich ist die Methode *SurfaceOfBB()*, die Flächeninhalt der MBB berechnet.

4.3.2 Implementierung des Linear-Cost Algorithmus

Die detaillierte Beschreibung des Algorithmus befindet sich im Abschnitt 2.2.4. Der Linear-Cost Algorithmus erfolgt in zwei Schritten: Zuerst sollen zwei Startknoten durch Methode *LinearPickSeeds* in der Abbildung bestimmt werden. Dann wird die Methode *FindNext* in der Abbildung erstellt werden, um den nächsten Knoten für die Gruppierung auszuwählen. Der Vorgang wiederholt sich, bis alle Knoten zugeordnet werden.

• *Bestimmen der zwei Startknoten*

Die Methode *LinearPickSeeds* wird wie in der Abbildung implementiert. Mit Hilfe von die vier Methoden *getMaxX()*, *getMinX()*, *getMaxY()*, *getMinY()* von Klasse Building können alle unteren und oberen Ecken der MBBs berechnet werden(Zeile 10 bis Zeile 31). In jeder Dimension x und y sollen der Abstand der höchsten unteren und der tiefsten oberen Ecke durch Dividieren durch die entsprechende Extremrechteckseite normalisiert werden(Zeile 33). Zwei MBBs mit der größten normalisierten Abstand sind die Rückgabewerte dieser Methode, die relativ weitesten voneinander entfernt sind.

```
1 public static ArrayList<Building> LinearPickSeeds(ArrayList<Building> BBox){
2          double minOfGetMaxX = Double.MAX_VALUE;
3          double minOfGetMaxY = Double.MAX_VALUE;
4          double maxOfGetMinX = Double.MIN_VALUE;
5          double maxOfGetMinY = Double.MIN_VALUE;
6          Building seedX1=BBox.get(0);
7          Building seedX2=BBox.get(0);
8          Building seedY1=BBox.get(0);
9          Building seedY2=BBox.get(0);

10         for(Building b : BBox){
11             double temp1 = b.getMaxX();
12             if(minOfGetMaxX > temp1){
13                 minOfGetMaxX = temp1;
14                 seedX1=b;
15             }
16             double temp2 = b.getMaxY();
17             if(minOfGetMaxY >  temp2){
18                 minOfGetMaxY =  temp2;
19                 seedY1=b;
20             }
21             double temp3 = b.getMinX();
22             if(maxOfGetMinX < temp3){
23                 maxOfGetMinX = temp3;
24                 seedX2=b;
25             }
26             double temp4 = b.getMinY();
27             if(maxOfGetMinY < temp4){
28                 maxOfGetMinY = temp4;
29                 seedY2=b;
30             }
31         }
32         Building seed1,seed2;

33         if(((maxOfGetMinY-minOfGetMaxY)/(getMaxYOfBuildings(BBox)-
getMinYOfBuildings(BBox)))>((maxOfGetMinX-minOfGetMaxX)/(getMaxXOfBuildings(BBox)-
getMinYOfBuildings(BBox)))){

34             seed1=seedY1;
35             seed2=seedY2;
36         } else{

37             seed1=seedX1;
38             seed2=seedX2;

39         }

40         ArrayList<Building> FindSeeds = new ArrayList<>();
41         FindSeeds.add(0, seed1.getBoundingBox()) ;
42         FindSeeds.add(1, seed2.getBoundingBox()) ;
43          return  FindSeeds;
44     }
```

Abbildung 24: Quellcode der Auswahl zweier Startknoten

• *Zuordnung der übrigen Knoten*

```
1 public static ArrayList<Building> FindNext(ArrayList<Building> Build-
inglist,Building Next1,Building Next2){
2      double MaxDifference= Double.MIN_VALUE;

3      Building next1= Next1;
4      Building next2= Next2;
5      Building next3= Buildinglist.get(0);

6      for(Building b : Buildinglist){

7              double temp=(Next1.getBoundingBox(b).SurfaceOfBB()-
Next1.SurfaceOfBB())-(Next2.getBoundingBox(b).SurfaceOfBB()-Next2.SurfaceOfBB());
8              if(MaxDifference < Math.abs(temp)){
9                      next3=b;
10                     MaxDifference = Math.abs(temp);
11                     if (temp<0){
12                             next1=next1.getBoundingBox(b);
13                     }
14                     else
15                             next2=next2.getBoundingBox(b);
16             }

17     }

18     ArrayList<Building> FindNext = new ArrayList<>();
19     FindNext.add(0, next1) ;
20     FindNext.add(1, next2) ;
21     FindNext.add(2, next3);
22     return  FindNext;
23     }
```

Abbildung 25: Quellcode der Zuordnung der übrigen Knoten

Um die übrigen MBBs den zwei Gruppen zuzuordnen, muss zuerst die Methode *FindNext* zur Bestimmung der nächst geeigneten MBB wie in der Abbildung erstellt werden. Der MBB mit der größten Differenz zwischen zwei Flächenvergrößerungen der neuberechneten MBBs wird ausgewählt und zu einer Knotengruppe mit der geringeren Flächenvergrößerung eingefügt. Der Rückgabewert von dieser Methode ist eine List von drei MBBs. Indem sind *FindNext.add(0, next1)* und *FindNext.add(1, next2)* die beide neuberechneten Gruppen und *FindNext.add(2, next3)*, welche die gerade ausgewählten MBB sind. Für alle übrigen MBBs soll der Vorgang wiederholt werden, bis alle MBBs den zwei Gruppen zugeordnet sind. Im Folgenden ist der Flussdiagramm des wiederholten Vorgangs des Splittens sowie die Implementierung der Methoden *LinearPickSeeds* und *FindNext* dargestellt.

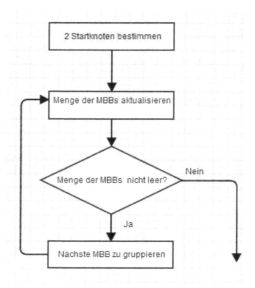

Abbildung 26: Flussdiagramm von Splitten-Algorithmus

4.4 Ausgabe in Xfig

Mit Hilfe von zwei Paketen *java.io.BufferedWriter* und *java.io.FileWriter* können die FigFormat Textdatei erstellt und gespeichert werden. Die Methode *toString()* von Klasse Building passt genau zu der Erzeugung der FigObjekte. Mit Hilfe von *get-PointList().size()* kann die Anzahl der Komponentenknoten von einem Gebäude zurückgegeben werden. Die Ausgabe befindet sich in vier Ebene, die bei der Attribut *depth* von Objekte Polygon deklariert werden. In der tiefsten Ebene sind alle Gebäude mit der grauen Füllung. In der nächsten Ebene befinden sich die zugehörigen MBB aller Gebäude. Anschließend folgen zwei rote Startknoten. In der obersten Ebene sind zwei Endknoten, die als das Ergebnis des Splittens gelten und mit hellblau gezeichnet werden. Die ersten Zeilen der Quellcode stellen die globale Atrributen dar, welche nach Wunsch verändert werden können. Es gibt eine benutzerdefinierte Farbe 32 #a5b7c1, die für die Füllung der Gebäuden verwendet wurde.

45

```
StringBuilder sb = new StringBuilder();

sb .append("#FIG 3.2\nLandscape\nCenter\nMetric\nA4\n100.00\nSingle\n-2\n1200 2\n0
32 #a5b7c1\n");
for (Building b : buildingList) {

        sb.append("2 3 0 1 0 32 20 -1 20 0.000 0 0 -1 0 0 "+ b.getPointList().size()
+"\n");
        sb.append(b.toString()+"\n");
        sb.append("2 2 0 2 0 7 15 -1 -1 0.000 0 0 -1 0 0
"+b.getBoundingBox().getPointList().size() +"\n");
        sb.append(b.getBoundingBox().toString()+"\n");
}
        sb.append("2 2 0 4 4 7 10 -1 -1 0.000 0 0 -1 0 0 5\n");

        sb.append(LinearPickSeeds(buildingList).get(0).toString()+"\n");
        sb.append("2 2 0 4 4 7 10 -1 -1 0.000 0 0 -1 0 0 5\n");

        sb.append(LinearPickSeeds(buildingList).get(1).toString()+"\n");
        sb.append("2 2 0 3 10 7 5 -1 -1 0.000 0 0 -1 0 0 5\n");
        sb.append(Group1.toString()+"\n");
        sb.append("2 2 0 3 10 7 5 -1 -1 0.000 0 0 -1 0 0 5\n");
        sb.append(Group2.toString());

try {
        FileWriter fstream = new FileWriter("Data/Result.fig");
        BufferedWriter out = new BufferedWriter(fstream);
        out.write(sb.toString());
        out.close();
} catch (Exception e) {
        System.err.println("Error: " + e.getMessage());
}
```

Abbildung 27: Quellcode der Implementierung der Ausgabe in Fig Format

In der Abbildung 27 wird gezeigt, wie die Ausgabe aussieht. Jeder Gebäude wird mit seine MBB zusammen dargestellt. Zwei Start-MBBs werden mit rot und zwei End – MBBs mit blau gezeichnet

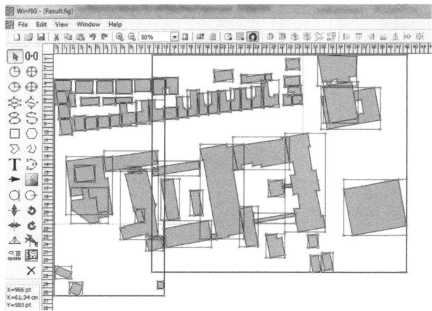

Abbildung 28: Ausgabe in Winfig

5. Zusammenfassung und Ausblick

Das Programm VisualisierungRBaum erfüllt die Anforderungen der Studienarbeit, die im Kapitel eins als Problemstellung gegeben wurden. Es liest die XML Eingabedateien aus OpenStreetMap ein und zieht alle Gebäudekoordinaten aus. Alle Koordinaten werden zunächst für eine gute Performanz in XFig Programm unter manche Bedingungen umgewandelt. Danach werden sie als Eingabe der Split-Methoden verwendet, um alle Gebäude in zwei große MBBs zu teilen. Anschließend wird die Fig Format Datei für die Visualisierung ausgegeben. Außerdem wurden in der vorliegenden Arbeit die Grundkenntnisse von R-Baum, XFig, OSM und DOM vorgestellt.

Die Anwendung VisualisierungRBaum kann in verschiedene Weise erweitert werden. Zum einen ist das Weitersplitten der zweien große MBBS in vier oder n Gruppen. Zum anderen können der Benutzer auf Wunsch die Attribute von XFig wie Farbe, Linienbreite, usw. verändern. Statt Gebäude können andere Objekte wie Autobahnen aus OpenStreetMap extrahiert werden.

Literaturen

Frederik Ramm, J. T. (2010). *Die freie Weltkarte nutzen und mitgestalten.*

Guttman, A. (1984). A dynamic index structure for spatial searching., (S. 47-57). Boston.

dpunkt.de/java/Programmieren_mit_Java/XML. Von http://www.dpunkt.de/java/Programmieren_mit_Java/XML/39.html abgerufen

fergi.uni-osnabrueck.de/module/geodatenbanksysteme/. Von http://www.fergi.uni-osnabrueck.de/module/geodatenbanksysteme/ abgerufen

gerhard-mercator.de. Von http://www.gerhard-mercator.de/2012/02/22/die-mercator-projektion-was-genau-versteht-man-darunter/ abgerufen

wiki.astro.com. Von http://wiki.astro.com/astrowiki/de/Breite abgerufen

Wikipedia. Von http://de.wikipedia.org/wiki/OpenStreetMap abgerufen

Wikipedia. Von http://de.wikipedia.org/wiki/Document_Object_Model abgerufen

Wikipedia Von http://de.wikipedia.org/wiki/Koordinatentransformation abgerufen

Wikipedia. Von http://de.wikipedia.org/wiki/Mercator-Projektion abgerufen

xfig.org. Von http://www.xfig.org/userman/installation.html abgerufen